Philippe Legendre

J'apprends à dessiner
Noël

FLEURUS
www.fleuruseditions.com

À l'attention des parents et des enseignants

Tous les enfants savent dessiner un rond, un carré, un triangle…
Alors, ils peuvent aussi dessiner un sapin, le Père Noël ou un ange.
Notre méthode est facile et amusante. Elle apporte à l'enfant une technique
et un vocabulaire des formes dont se sert tout dessinateur.

La construction du dessin se fait par l'association de formes géométriques
créant un ensemble de volumes/surfaces. Il suffit ensuite, par une ligne droite,
courbe ou brisée, de donner son caractère définitif à l'esquisse.

En quelques coups de crayon un motif apparaît,
un peu de couleur et voici réalisée une belle illustration.

Cette méthode propose un apprentissage de la technique
et une première approche de la composition, des proportions, du volume,
de la ligne. Sa simplicité en fait une méthode où le plaisir
de dessiner reste au premier plan.

PHILIPPE LEGENDRE

Peintre-graveur et illustrateur, Philippe Legendre anime
aussi un atelier de peinture pour les enfants de 6 à 14 ans.
Intervenant souvent en milieu scolaire, il a développé
cette méthode pour que tous les enfants puissent
accéder à l'art du dessin.

Quelques conseils

1. Chaque dessin est fait à partir d'un petit nombre de formes géométriques qui sont indiquées en haut de la page. C'est ce qu'on appelle le vocabulaire de formes. Il peut te servir à t'exercer avant de commencer le dessin.

2. Fais l'esquisse du dessin au crayon et à main levée. Attention, pas de règle ni de compas !

3. Les pointillés indiquent les traits de construction qui doivent être gommés.

4. Une fois ton dessin terminé, colorie-le. Si tu veux, repasse en noir le trait de crayon. Et maintenant, à toi de jouer !

Saint Nicolas

Le Père Noël

Sur les toits

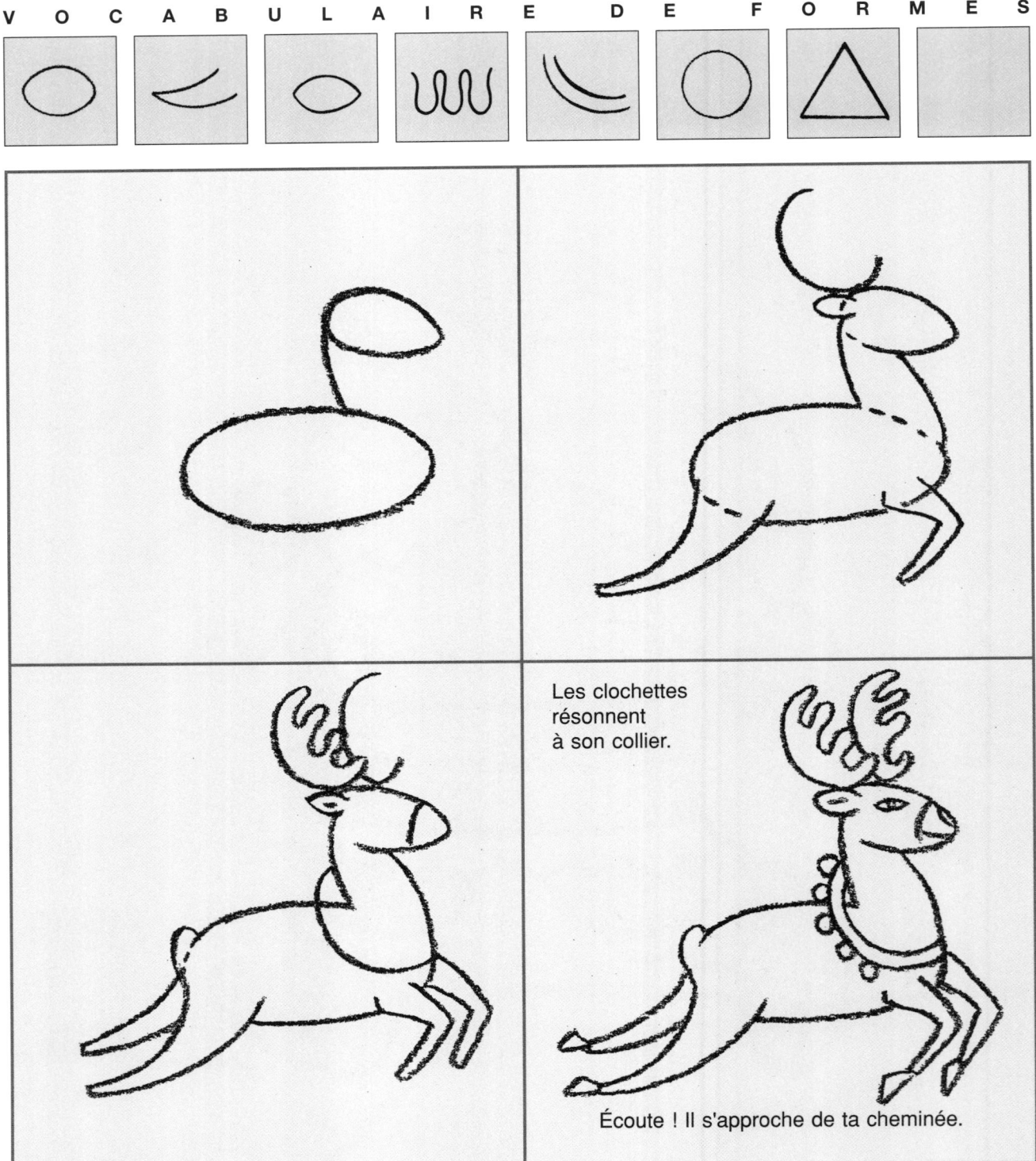

Le renne

Le traîneau

Le sapin décoré

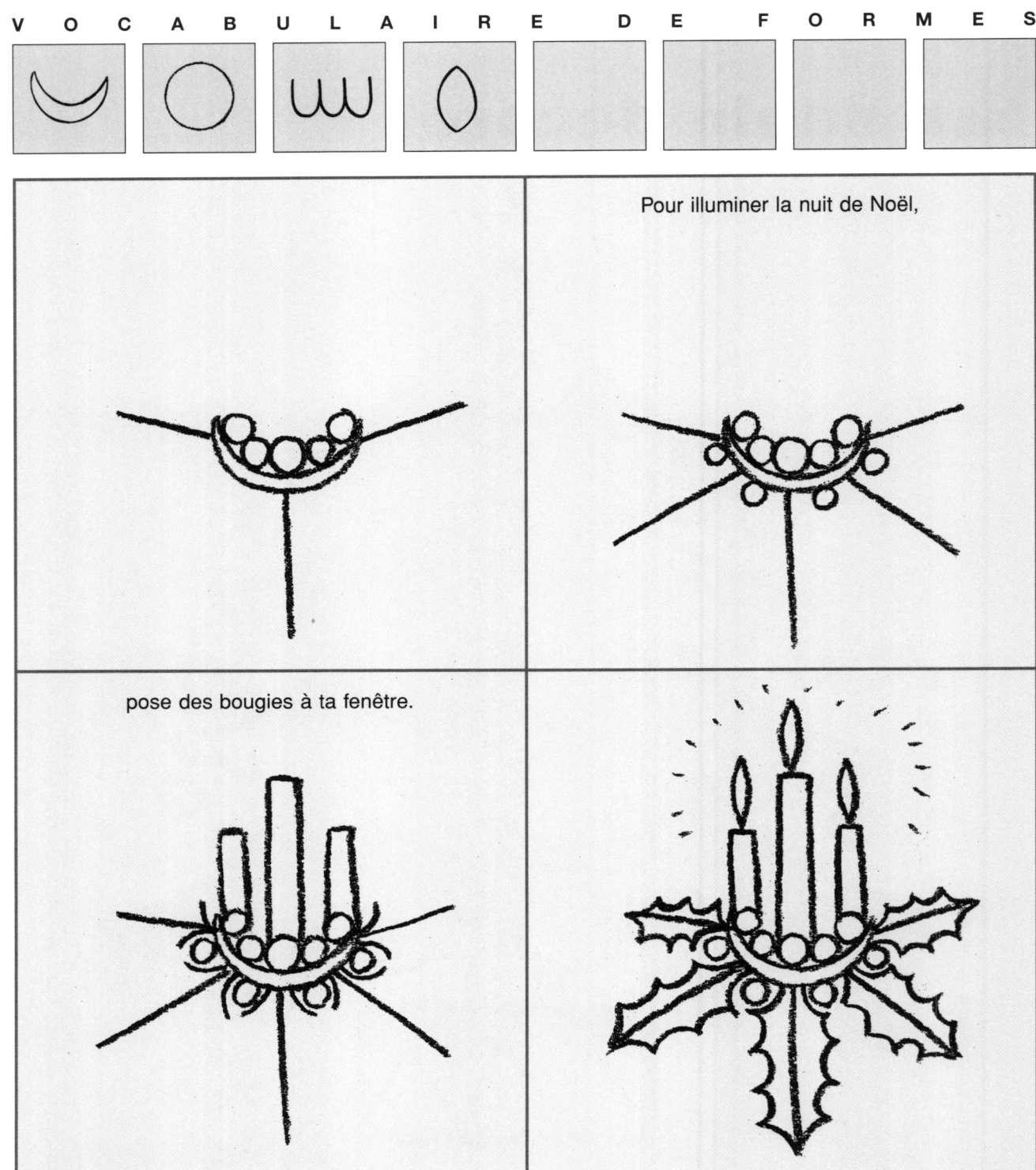

Les bougies de Noël

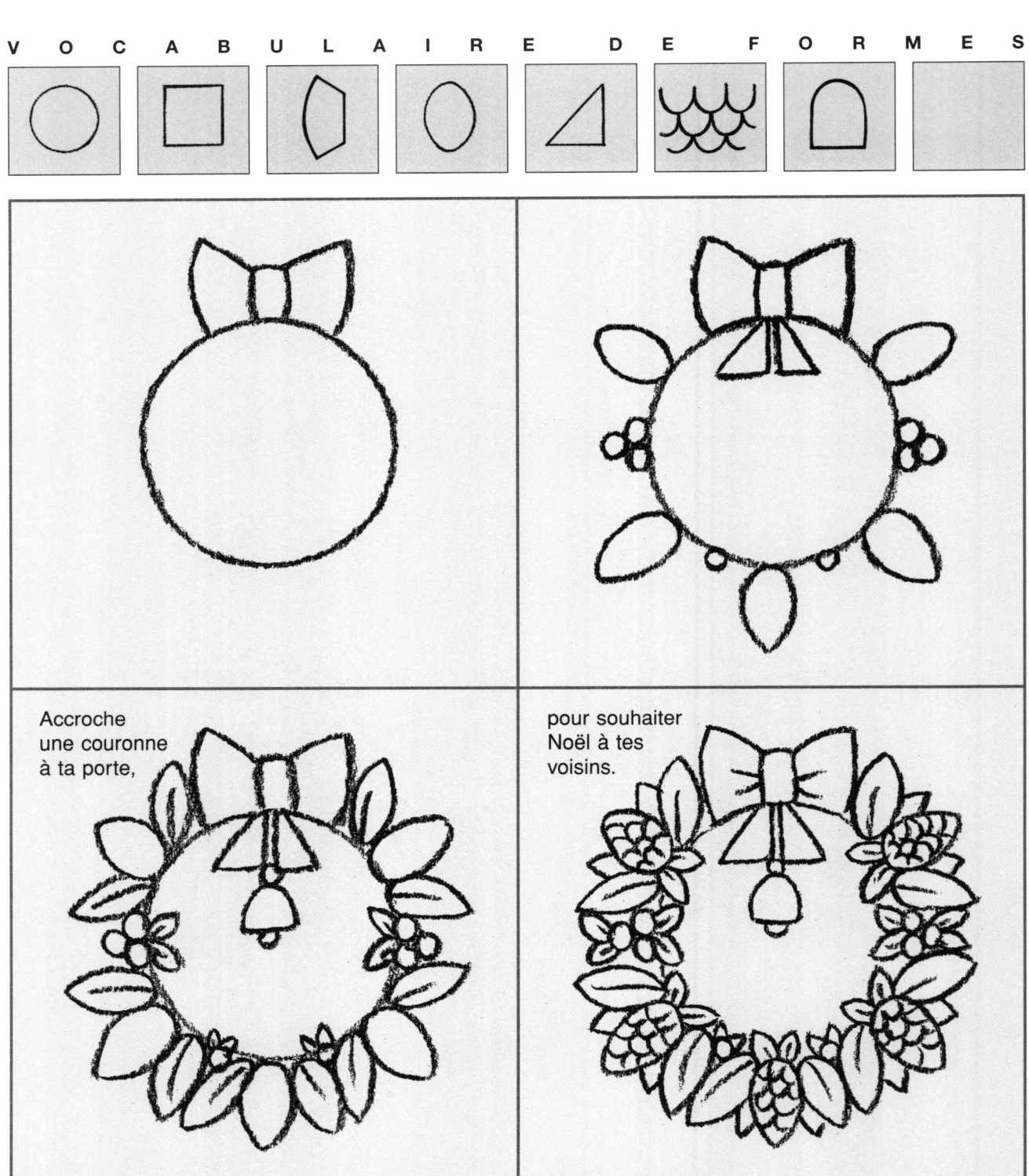

La couronne

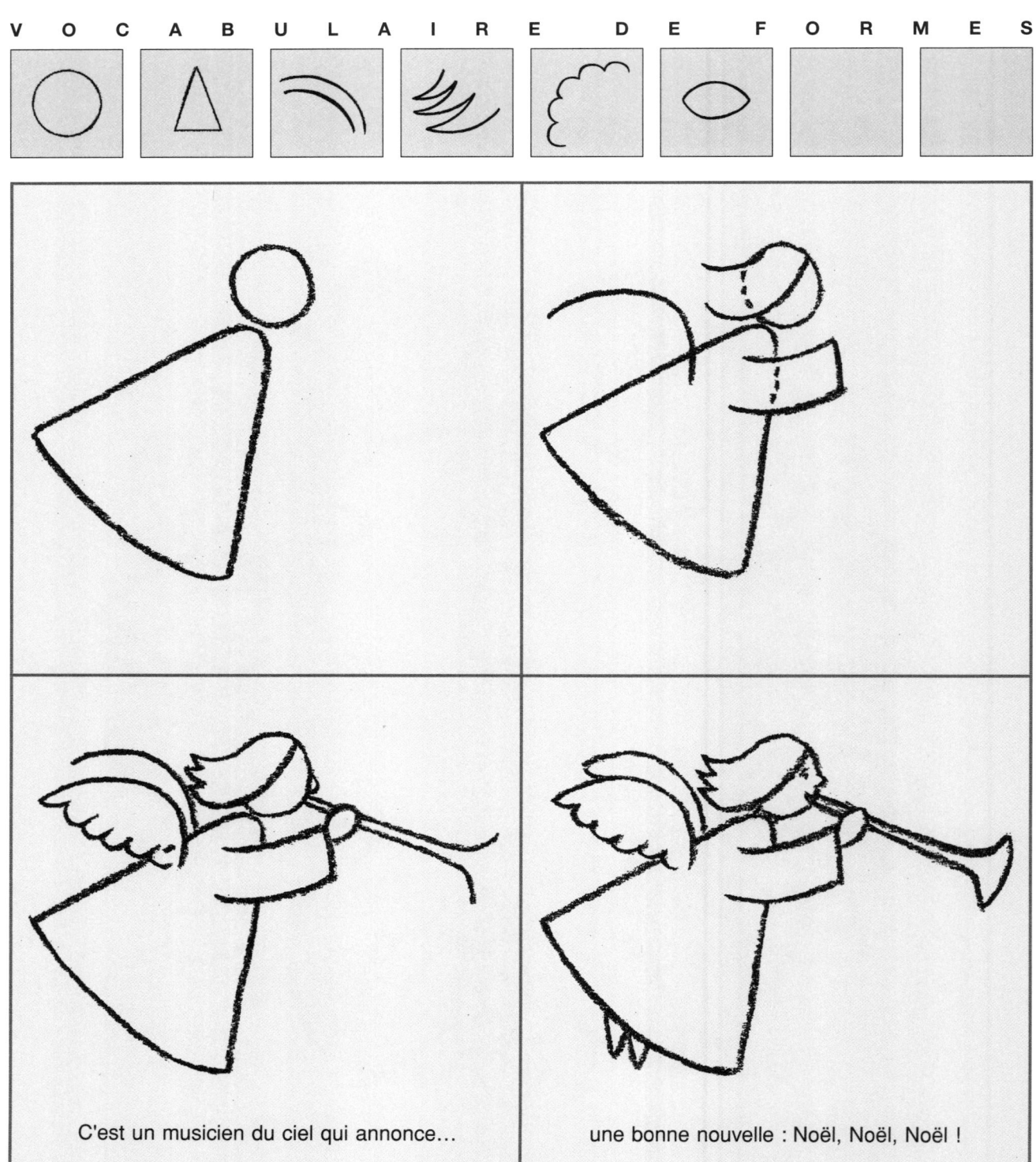

L'ange de Noël

C'est bientôt la nuit magique, la nuit de Noël !

Dessine tes rêves et attends…

Loi n°49-956 du 16 juillet 1949 sur les publications destinées à la jeunesse.

Direction éditoriale : Christophe Savouré
Direction artistique : Armelle Riva, Danielle Capellazzi
Couverture : Armelle Riva
Conception graphique de la collection : Isabelle Bochot

© 2007 Groupe Fleurus (1re édition 2003)
15/27 rue Moussorgski, 75018 Paris
Dépôt légal : septembre 2007
ISBN : 978-2-215-09450-0
ISSN : 1257-9629
4e édition - n°P11098

Imprimé en France par Qualibris en juin 2011

une collecti